Johann Sebastian Bach
23 Peças Fáceis

PARA PIANO

Revisão:
Bruno Mugellini

Irmãos Vitale Editores Ltda.
vitale.com.br
Rua Raposo Tavares, 85 São Paulo SP
CEP: 04704-110 editora@vitale.com.br Tel.: 11 5081-9499

© Copyright by Irmãos Vitale Editores Ltda. - São Paulo - Rio de Janeiro - Brasil.
Todos os direitos autorais reservados para o Brasil.

Dados Internacionais de Catalogação na Publicação (CIP)
(Câmara Brasileira de Livro, SP, Brasil)

Bach, Johann Sebastian, 1685-1750.
23 Peças fáceis : piano / J. S. Bach ;
Revisão de Mugellini. -- São Paulo :
Irmãos Vitale

1. Bach, Johann Sebastian, 1685-1750
2. Piano - Música I. Título

ISBN: 85-7407-128-5
ISBN: 978-85-7407-128-2

01-3576   CDD-786.2

ÍNDICES PARA CATÁLOGO SISTEMÁTICO:

1. Música para piano   786.2
2. Piano : Música   786.207

ÍNDICE

N.º 1 - PRELÚDIO EM DÓ MAIOR (dos 12 Pequenos Prelúdios)	4
N.º 2 - POLONESA (da Suíte Francesa em mi maior)	6
N.º 3 - PRELÚDIO EM DÓ MENOR (dos 12 Pequenos Prelúdios)	8
N.º 4 - MINUETO (da Suíte Francesa em dó menor)	10
N.º 5 - BOURRÉE (de uma Suíte em si menor)	11
N.º 6 - PRELÚDIO EM RÉ MENOR (dos 12 Pequenos Prelúdios)	12
N.º 7 - MINUETO (da Suíte Francesa em si menor)	15
N.º 8 - PRELÚDIO EM FÁ MAIOR (dos 12 Pequenos Prelúdios)	16
N.º 9 - PRELÚDIO EM DÓ MAIOR (dos 6 Pequenos Prelúdios)	17
N.º 10 - TRIO DE UM MINUETO EM SOL MENOR (dos 12 Pequenos Prelúdios)	19
N.º 11 - PRELÚDIO EM DÓ MAIOR (dos 6 Pequenos Prelúdios)	20
N.º 12 - PRELÚDIO EM MI MENOR (dos 6 Pequenos Prelúdios)	22
N.º 13 - GIGA (de uma Partita em lá maior)	24
N.º 14 - PRELÚDIO EM SOL MENOR (dos 12 Pequenos Prelúdios)	25
N.º 15 - BOURRÉE (de uma Suíte em mi maior)	28
N.º 16 - PRELÚDIO EM DÓ MAIOR (dos 12 Pequenos Prelúdios)	30
N.º 17 - PRELÚDIO EM LÁ MENOR (dos 12 Pequenos Prelúdios)	31
N.º 18 - CORRENTE (da Suíte Francesa em dó menor)	32
N.º 19 - PRELÚDIO EM MI MENOR (dos 12 Pequenos Prelúdios)	34
N.º 20 - PRELÚDIO EM MI MAIOR (dos 6 Pequenos Prelúdios)	36
N.º 21 - PRELÚDIO EM RÉ MENOR (dos 6 Pequenos Prelúdios)	38
N.º 22 - FANTASIA EM DÓ MENOR	40
N.º 23 - PEQUENA FUGA EM DÓ MENOR	42

INDICE

N.º 1 - PRELUDIO IN DO MAGG. (dai 12 Piccoli preludi)	4
N.º 2 - POLONESE (dalla Suíte franc. in mi magg.)	6
N.º 3 - PRELUDIO IN DO MIN. (dai 12 Piccoli preludi)	8
N.º 4 - MINUETTO (dalla Suíte francese in do min.)	10
N.º 5 - BOURRÉE (da una Suíte in si min.)	11
N.º 6 - PRELUDIO IN RE MIN. (dai 12 Piccoli preludi)	12
N.º 7 - MINUETTO (dalla Suíte francese in si min.)	15
N.º 8 - PRELUDIO IN FA MAGG. (dai 12 Piccoli preludi)	16
N.º 9 - PRELUDIO IN DO MIN. (dai 6 Piccoli preludi)	17
N.º 10 - TRIO D'UN MINUUET IN SOL MIN. (dai 12 Piccoli preludi)	19
N.º 11 - PRELUDIO IN DO MAGG. (dai 6 Piccoli preludi)	20
N.º 12 - PRELUDIO IN MI MIN. (dai 6 Piccoli preludi)	22
N.º 13 - GIGA (da una Partita in la Magg.)	24
N.º 14 - PRELUDIO IN SOL MIN. (dai 12 Piccoli preludi)	25
N.º 15 - BOURRÉE (da una Suíte in mi magg.)	28
N.º 16 - PRELUDIO IN DO MAGG. (dai 12 Piccoli preludi)	30
N.º 17 - PRELUDIO IN LA MIN. (dai 12 Piccoli preludi)	31
N.º 18 - CORRENTE (dalla Suíte franc. in do min.)	32
N.º 19 - PRELUDIO IN MI MIN. (dai 12 Piccoli preludi)	34
N.º 20 - PRELUDIO IN MI MAGG. (dai 6 Picolli preludi)	36
N.º 21 - PRELUDIO IN RE MIN. (dai 6 Piccoli preludi)	38
N.º 22 - FANTASIA IN DO MIN.	40
N.º 23 - FUGHETTA IN DO MIN.	42

23 PEÇAS FÁCEIS

Escolhidas, coordenadas e dedilhadas com notas
ilustradas e com a maneira de executar os
ornamentos por
BRUNO MUGELLINI

Prelúdio

Johann S. Bach

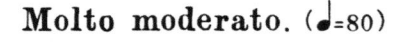

a) Nos dedilhados dos ornamentos, segui tanto quanto possível, o atual sistema da troca de dedos. Não obstante, em alguns casos, adotei a maneira antiga para não separar a ligadura do baixo. Creio que, seguir e estabelecer escrupulosamente um sistema determinado de dedilhado, ocasione alterações no texto, parecendo-me que o sistema de troca de dedos, útil em alguns casos, torna-se excessivo quando tomado como lei. Observa-se em algumas edições que o sol (do baixo) nos 7º e 8º compassos aparecem ligados de dois em dois para conforto da posição.

a) Nella diteggiatura degli abbellimenti ho seguito, quando ho potuto, il moderno sistema del cambiamento delle dita; in alcuni casi però, come nel seguente, mi sono servito della vecchia posizione perchè non ho voluto spezzare la legatura del basso.

Credo fermamente che, molte volte, il voler stabilire e seguire scrupolosamente un dato sistema di diteggiatura, determini qualche alterazione del testo, e temo che circa la regola del cambiamento delle dita, tanto utile in certi casi, si esageri oggidi col volerlo stabilire come legge fissa. Così si può osservare in qualche edizione che i **sol** del basso, nelle battute 7ª ed 8ª vengono legati a due a due per comodo delle posizioni.

b) Esta passagem foi grafada diferentemente de outras edições para que o estudante possa, de imediato, verificar o rítmo, não fazendo confusão entre as partes de ambas as mãos.

c) Será mais fácil obter-se a duração exata deste dó, processando-se sua subdivisão e ligando-os. A acentuação aposta sobre o dó indica, nitidamente, que a mão direita está executando a duas vozes. O som de uma nota no piano é relativamente curto, desaparecendo com a percussão de outros sons.

Para fazer notar ao aluno que são executadas várias partes com a mesma mão, é necessário acentuar levemente as notas de maior valor ou as mais importantes. Não se acentuando este dó, ainda que todas as notas sejam atacadas igualmente, o efeito seria como se estivessem grafadas assim:

b) Questo passo tu notato differentemente dalle altre edizioni, perchè l'allievo possa con maggior facilità afferrarne il ritmo a colpo d'occhio, e non faccia confusione fra la parte della mano destra e quella mano sinistra.

c) Con la suddivisione e legatura del **do**, spero che sara più facile ottenere che si tenga esattamente questa nota. Lo sforzato fu posto sul **do** perchè risulti chiaramente che la mano destra suona a due parti. Nel pianoforte la sonorità di una nota è, relativamente, breve; e viene distrutta dalla percussione dei suoni successivi dimodochè, per far comprendere all'uditore che si eseguono con la stessa mano più parti, è mestieri di marcare leggermente le note di maggior valore, oppure la parte più importante. Se non si accenta il **do,** questo passo, anche se tutte le note vengono giustamente tenute, produce, in chi ascolta, il medesimo effetto come se fosse scritto nella seguente maniera:

Polonesa / Polonese

a) A edição revista por Czerny e outras dela procedentes apresentam um grupeto (∞) sobre o mi, que não me parece oportuno, uma vez que não se encontra no texto original. Pela mesma razão, poderão ser observadas variantes e omissões de adornos.

b) O antigo costume de suspender-se as mãos no fim de cada ligadura é muito incerto e, aplicado sistematicamente, ocasionaria uma péssima interpretação, pois quase sempre as ligaduras não têm outro objetivo senão o de assinalar os pequenos períodos que constituem a frase musical. A separação produzida pelo erguimento da mão destruiria o seu verdadeiro sentido. Para não incorrer nessa falta aconselho que em toda esta coleção, só se deverá levantar a mão quando, no fim da ligadura, encontrar-se uma vírgula. Poder-se-á, outrossim, fazer sobresairem as pequenas ligaduras acentuando levemente a nota inicial das mesmas, como se se apresentassem encimadas por um pequeno traço (-).

a) L'edizione di Czerny e le molte altre da essa derivate, hanno su questo **mi** un gruppetto (∞) che non ho creduto opportuno di usare non trovandosi nel testo originale, al quale ho voluto essere sempre scrupolosamente fedele. Anche in altri luoghi potranno osservarsi, per la stessa ragione, parecchie varianti od omissioni di abbellimenti.

b) La vecchia regola di alzare la mano ad ogni fine di legatura è assai incerta ed applicata scrupolosamente darebbe una interpretazione pessima, perchè sovente gli archi delle legature non hanno altro scopo che quello di delineare i piccoli periodi che formano le frasi musicali; il suddividere perciò un periodo dall'altro, alzando la mano, distruggerebbe il giusto senso del discorso musicale. Per evitare ciò, avverto l'allievo che, in tutta questa raccolta, si dovrà alzare la mano dai tasti solamente quando la fine della legatura porterà un punto. Potranno anche farsi risaltare le piccole legature marcando leggermente la prima nota di esse, come se fosse segnata con una piccola linea (-).

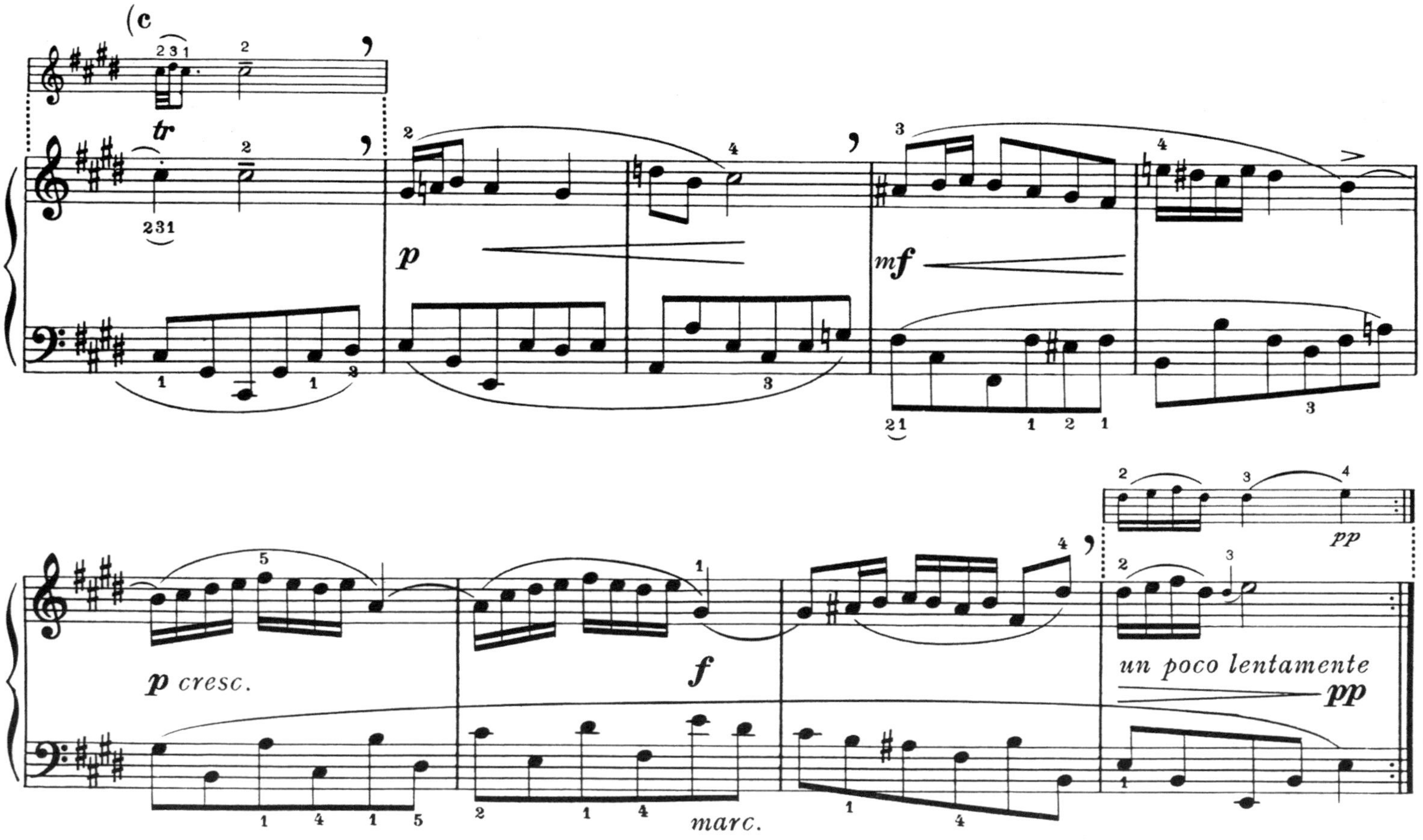

c) Com referência a este trinado, que julguei tratar-se de um mordente (𝆗.), penso ser oportuno fazer saber ao estudante que freqüentemente Bach trocava os sinais de ornamentos. O trinado aparece escrito por um mordente e, por vezes, (ver a importante nota **g** do n.º 6) indica um longo trinado de dezeseis ou mais notas. Não é necessária a demonstração de exemplos (seriam muitos) para justificar esta minha observação; limito-me a dar somente três extraídos do «Cravo Bem Temperado». No primeiro, o trinado aparece em lugar do mordente e, de fato, quase todas as edições revisadas o anotam com este sinal; no segundo caso, ao contrário, o mordente está escrito em lugar do trinado (aqui, para evitar equívoco, a maior parte das edições anotam o ornamento com o trinado); no terceiro caso, a mesma passagem, na mesma peça, assinala um ou outro dos ornamentos.

(I.º Volume, Prelúdio XIII - 7.º compasso)

(I.º Volume, Fuga XIV - 3.º compasso)

(I.º Volume, Fuga XX)

a) compasso 51 *b*) compasso 56

c) A proposito di questo trillo, che ho creduto bene d'interpretare come un 𝆗 , ritengo opportuno avvertire l'allievo che, molte volte. Bach scambiava i segni degli abbellimenti Il **tr** è scritto spesso per 𝆗 ; e questo (vedi l'importante nota **g)** al N. 6) in alcuni casi indica persino un trillo lungo di sedici e più note. Non e qui che io posso affermare questa mia asserzione con l'aiuto di numerosi esempi (ce ne sarebbero moltissimi); mi limito dunque a darne tre solamente, tratti dal **Clavicembalo.** Nel primo, il trillo è scritto invece del 𝆗 , ed infatti quasi tutte le edizioni rivedute lo notano con quest'ultimo segno; nel secondo, al contrario, il 𝆗 è scritto invece del trillo (anche per questo caso la maggior parte delle edizioni, per evitare equivoci, segnano l'abbellimento col **tr;** nel terzo, lo stesso passo, nel medesimo pezzo, porta or l'uno or l'altro degli abbellimenti.

(Vol. Primo, Prel. XIII - batt. 7.ma)

(Vol. Primo, Fuga XIV - batt. 3.za)

(Vol. Primo, Fuga XX)

a) batt. 51 *b*) batt. 56

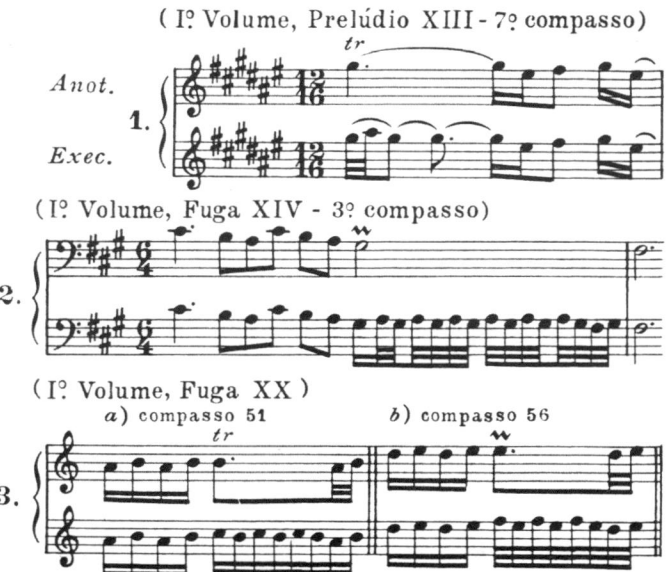

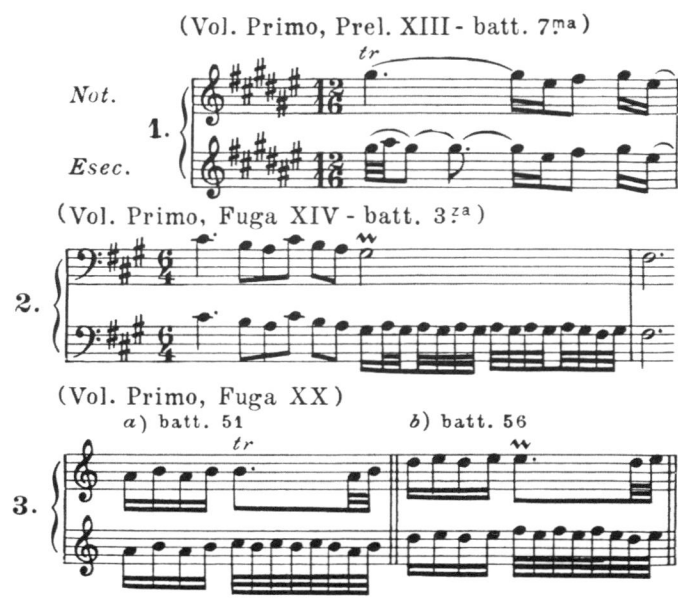

Prelúdio a)

Allegro moderato (♩=112)

p molto uguale b)

cresc. un poco — — —

mf dim.

p

mf *p cresc. a poco a poco* — — —

a) Este trecho foi escrito originariamente para alaúde.

b) Em todos os terceiros tempos desta peça, as mãos devem igualar-se em força, como em acentuação, dando a impressão de estarem escritas assim:

a) Questo pezzo, in origine fu scritto da Bach per il liuto.

b) Nell'ultimo tempo di ogni battuta, le mani sieno perfettamente equilibrate per forza ed accento come se la notazione fosse la seguente:

Minueto | Minuetto

Bourrée

Allegro moderato ♩=76

5. 2ª volta *mf* *ben ritmato*

a) O aluno deverá adotar a execução seguinte, sendo possível:

a) Se l'allievo ci riesce, preferisca eseguire cosi:

Prelúdio

N.B. Sendo estes trechos endereçados aos jovens estudantes, achei oportuno facilitar, por vezes, a execução de alguns ornamentos. No caso de o aluno realizar uma execução mais rápida, deverá dar preferência à notação que se acha indicada no apêndice embaixo da página.

N.B. Siccome questi pezzi sono dedicati ad allievi molto giovani, ho creduto opportuno, alcune volte, di facilitare l'esecuzione di qualche abbellimento. Nel caso però che l'allievo si trovasse in grado di potere dar loro una esecuzione più rapida, preferisca la maniera di notazione che segnerò, a pie' della pagina, in appendice.

e) Pelas razões já expostas na nota b) da primeira peça, aqui também foi modificada a notação.

f) Recomendamos ligar muito bem o sol ♯ com as notas do acorde arpejado, corrigindo o defeito muito comum entre os estudantes, os quais, em casos semelhantes, levantam a mão antes do acorde.

g) Os italianos dão o nome de mordente aos ornamentos: ∿ e ∿ , ocasionando confusão e equívocos. Os alemães distinguem o mordente ∿ do «praller» ∿ . Enquanto a execução do mordente não varia, a do «praller» sofre modificações segundo os casos. O costume de chamarmos este ornamento de mordente, leva-nos a crer que ele tenha íntima relação com o «verdadeiro mordente», ambos com o mesmo número de notas, apenas a diferença que um auxilia o som inferior e o outro, o superior; acreditou-se, também, que a execução de ambos não devesse mais sofrer modificações. É erro: o «praller» apresenta uma grande diferença do mordente, o qual não é senão um trinado curto. Sua execução é: [exemplo musical] que poderá, em certos casos, estar aumentado em número de notas e, como nos trinados longos, poderá iniciar com a nota superior ou pela que está escrita. Quero lembrar outro equívoco muito comum: o de realizar o trinado numa nota pontuada, ♩. em toda a sua duração. Em Bach, como em seus contemporâneos, deve-se cessar o trinado ao ter início o valor do ponto e a nota de conclusão que aparece depois do ponto poderá ter seu valor diminuido.

e) Per le stesse ragioni già esposte nella nota b) al primo pezzo, anche qui fu modificata la notazione.

f) Si raccomanda di ben legare il ♯ con le note dell' accordo arpeggiato, correggendo un vizio comune a quasi tutti gli allievi i quali, in casi simili, tendono ad alzare la mano prima dell'accordo.

g) Noi italiani col nome di **mordente** chiamiamo entrambi gli abbellimenti che si segnano nel seguente modo: ∿ ∿ . Questa uguaglianza di nome è causa, per alcuni, di confusione ed equivoci. I tedeschi invece distinguono il **mordent**, ∿ , dal **praller**, ∿ ; mentre il **mordent** ha una esecuzione che non varia, il **praller** subisce delle modificazioni a seconda dei casi nei quali lo s'incontra. Il nostro uso di chiamare anche questo abbellimento col nome di **mordente**, ha indotto alcuni a credere ch'esso abbia una tale immediata parentela col **vero mordente** da comporsi entrambi d'un numero uguale di note, con la sola differenza nell'esecuzione che uno (∿) ha per ausiliario il suono inferiore, e l'altro invece quello superiore; si è anche creduto che l'esecuzione, per entrambi, non debba mai subire modificazioni. Ciò è un errore: il **praller** ha una notevole differenza dal **mordent**; esso non è altro che un trillo corto. La sua esecuzione di solito è la seguente: [esempio musicale] può, in casi speciali, avere aumentato il numero delle note e, come per i trilli lunghi, può essere cominciato dalla nota superiore o da quella scritta a seconda dei casi.

Desidero di chiarire un alto equivoco nel quale parecchi cadono comunemente; quello cioè di trillare una nota che abbia un punto, ♩. per tutta la durata del suo valore. In Bach e contemporanei deve sempre arrestarsi il trillo quando comincia il valore del punto; la nota sfuggita che viene dopo questo potrà anche diminuirsi di valore.

Exemplo — Esempio

Minueto | Minuetto

Prelúdio

Prelúdio

a) Como é notório, Bach quase nunca fazia indicações de tempos, de ligaduras, de «staccatos», de colorido. Todas essas indicações, assim como as de fraseado e de expressão que se encontram nas edições atuais, são quase todas dos revisores. Neste Prelúdio não segui, na interpretação do baixo, a indicação existente noutras edições que a querem ligado. Os saltos da parte de acompanhamento no tradicional modo de executar estes baixos de notas iguais, em andamento médio, sugerem que o «staccato» é a maneira mais acertada para a sua execução. Esse trecho torna-se mais variado, mais elegante, prestando-se melhor para ser realizado por mãos ainda não muito desenvolvidas. As pequenas ligaduras foram postas apenas por questão de gosto.

a) Come è noto Bach non scriveva quasi mai i tempi, le legature, gli staccati ed i coloriti. Tutti i segni di fraseggiare e di espressione che si veggono nelle moderne edizioni debbonsi quasi esclusivamente all'opera dei commentatori.

In questo Preludio non ho creduto di seguire, circa l'interpretazione del basso. la maniera adottata da tutte le altre edizioni che lo segnano **legato.** Mi è parso che i frequenti salti della parte d'accompagnamento, la tradizione sul modo d'eseguire questa specie di bassi a note eguali di media velocità, dessero a supporre essere più indicata una esecuzione **ctaccata.** Il pezzo si rende così più vario, più elegante e si presta meglio ad essere suonato da mani non molto sviluppate. Le piccole legature, furono adoperate, ogni tanto, puramente per ragioni di gusto.

Trio de um Minueto [a] | Trio di un Minuetto [a]

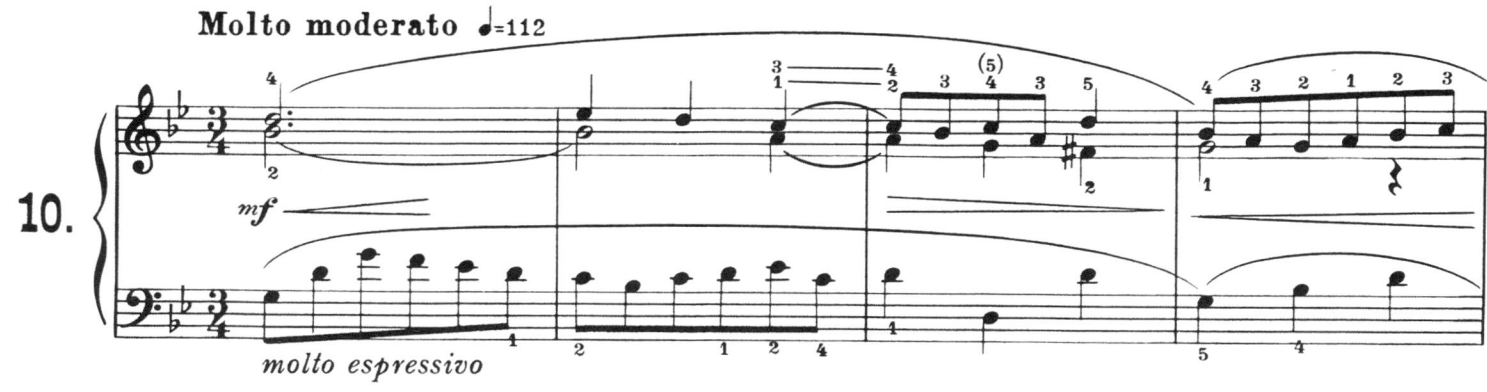
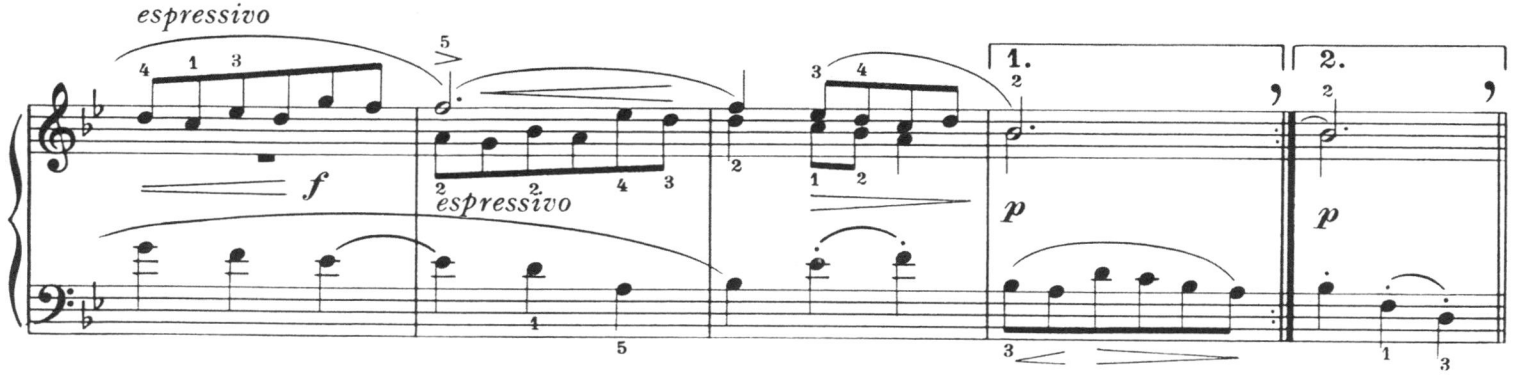

a) Este trio foi escrito por Bach para um Minueto de Stöltzel.

a) Questo trio fu scritto da Bach per un minuetto di Stöltzel.

Prelúdio

11. Allegro ♩=88

a) Coloquei este mordente entre parêntesis por não tê-lo encontrado na edição original, nem tampouco na de Czerny; parece-me indispensável para ficar de acordo com o primeiro compasso da peça.

b) Estes dois ornamentos e a dupla «appoggiatura» têm dado motivo às mais extravagantes interpretações. Para se saber seu justo significado é necessário, antes de mais nada, pensar na execução da dupla «appoggiatura», porém, sem os ornamentos, assim:

Feito isso e colocando-se o mordente e o grupeto lado a lado sobre o , tornar-se-á mais clara a realização do complicado hieroglifo!

a) Ho messo questo mordente fra parentesi perchè non riscontrasi nè nell'edizione originale nè in quella di Czerny; mi sembra però indispensabile per rispondere esattamente alla prima battuta del pezzo.

b) Questi due abbellimenti e la doppia appoggiatura davano spesso motivo alle interpretazioni le più stravaganti. Per comprendere giustamente il loro significato è necessario, anzitutto, pensare all'esecuzione della doppia appoggiatura, senza gli abbellimenti, che sarebbe la seguente:

Fatto ciò, se si porranno il mordente ed il gruppetto, uno di fianco all'altro, sopra il , apparirà assai chiara l'esecuzione del complicato geroglifico!

Prelúdio

a) Este ornamento e outro que se segue, estão colocados entre parêntesis por não constarem do original. Adotei-os, tratando-se de uma reprodução do desenho constante dos compassos 13° e seguintes.

a) Questo abbellimento e l'altro che segue, li ho segnati fra parentesi perchè nel testo originale sono omessi. Mi sono però deciso di adoperarli onde rispondere esattamente, col basso, al melodioso canto che gia ha fatto sentire la parte acuta, nella battuta tredicesima e seguenti, convinto che detta omissione del testo originale, debba solo attribuirsi a pura dimenticanza.

Giga

Prelúdio

a) Pelas mesmas razões expostas na nota **c)** do N.° 1, é necessário marcar nos últimos cinco compassos da primeira parte deste Prelúdio as notas mais longas, fazendo sobresair as partes confiadas à mão direita. No terceiro compasso, antes do fim, a acentuação deverá ser:

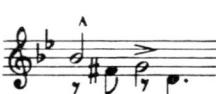

a) Per le ragioni esposte nella nota **c)** al N. 1 nelle ultime cinque battute della prima parte di questo preludio, bisogna maggiormente marcare le note più lunghe, onde rendere evidenti le parti affidate alla mano destra. La terz'ultima battuta, per esempio, dovrà accentarsi nel seguente modo:

c) Ressaltar a parte mais importante dos dois últimos compassos, assim: que forma a cadência final. Apezar do seu valor, o fa ♯ deverá ser acentuado tanto quanto os «sol» que o precedem, assim como as que o antecedem. As outras partes, marcadas de acordo com seus valores, deverão ser executadas deixando bem clara e evidente a parte aguda.

c) La parte più importante di queste due ultime battute, che deve farsi risaltare, è la seguente: essa forma la cadenza finale. Perciò il **fa** ♯, ad onta del suo piccolo valore, va accentato quanto i **sol** che lo seguono e precedono; le altre parti, sebbene verranno marcate in ragione del loro valore, dovranno essere eseguite in modo da lasciare ben chiara e preponderante la parte acuta.

Bourrée

a) Neste trecho os coloridos foram indicados pelo próprio Bach que, como é sabido, raramente o fazia, escrevendo apenas: piano ou forte. Destas 23 Peças Fáceis esta é a única que traz semelhantes indicações, as quais, não é necessário dizer, são escrupulosamente respeitadas.

a) In questo **pezzo** i **coloriti** furono stabiliti dallo **stesso** Bach il quale, come è noto, alcune rarissime volte li indicava scrivendo per disteso: **piano o forte.** Dei 23 pezzi che compongono la presente raccolta **questo è l'unico** che porta simili indicazioni le quali, è superfluo dirlo, vennero scrupolosamente rispettate.

Prelúdio

a) Com este Prelúdio inicia-se uma série de composições, algumas mais fáceis, porém que exigem do estudante mais atenção com referência às relações melódicas entre as partes; a série de peças que se inicia com esta, marcam a primeira fase do gênero «ad imitazione», que o estudante deverá prosseguir com as Invenções a duas vozes, as Suites Francesas, as Invenções a três vozes, as Partitas, as Suites Inglesas, as Toccatas para atingir o Cravo Bem Temperado.

A parte melódica que serve de tema neste Prelúdio está delineada pela ligadura; insisto (ver nota 6, do n.º 2) para que o estudante levante a mão no fim das ligaduras quando acompanhadas de um ponto e, em outros casos, quando aparece uma vírgula. É indispensável que a nota inicial das ligaduras seja evidenciada, resaltando a figura característica do tema; as demais notas deverão diminuir gradativamente de intensidade sonora como, aliás, está assinalado com o sinal:

a) Con questo pezzo s'inaugura una serie di composizioni alcuna delle quali più facile, come meccanismo, delle precedenti, ma che richiedono nell'esecutore molta maggior attenzione per le relazioni melodiche fra le parti che vi s'incontrano; la serie di pezzi che cominciano con questo, segna la primissima fase di quel genere di musica **ad imitazione,** che il giovane pianista dovrà percorrere proseguendo poi con le **Invenzioni** a due voci, le **Suites francesi,** le **Invenzioni** a tre voci, **Partite, Suites Inglesi, Toccate,** per arrivare al **Clavicembalo ben temperato.**

Lo spunto melodico il quale serve da tema a questo Preludio, lo si troverà delineato dagli archi delle legature; a proposito di ciò ripeto (v. nota **b.**) al N. 2.) che l'allievo dovrà soltanto alzare la mano alla fine delle legature quanto vi sia un punto, ed in altri casi quando vi sia la virgola (,). E però necessario che la prima nota della legatura, in questo pezzo, venga marcata onde far risaltare lo spunto melodico: le altre note diminuiranno gradatamente, ciò che è stato sempre notato col segno:

Prelúdio

Allegretto (♩.=76)

17.

a) É indispensável realizar com exatidão o rítmo deste movimento, como se estivesse assim escrito:

b) Aqui, como nos n.º 1 e 5, a notação foi modificada.

a) Si guardi di dare esatto ritmo a questo movimento. L'allievo pensi a questa notazione:

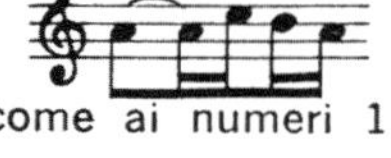

b) Anche qui, come ai numeri 1 e 5, si a modificata la notazione.

Corrente

Prelúdio

a) Chamo a atenção para o importante episódio que aqui se inicia: o desenho temático aqui desenvolvido, com imitações entre as partes, provem do 2º compasso da peça:

Para a boa execução, é preciso fazer sobresair as pequenas imitações, acentuando de maneira especial a frase principal:

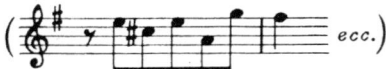

sempre indicada com: marcato».

a) Faccio notare all'allievo l'importante episodio che qui comincia; lo **spunto tematico** in esso sviluppato, con imitazioni fra le due parti, deriva dalla seconda battuta del pezzo.

E necessario, per eseguirlo perfettamente, di rendere bene evidenti le piccole **imitazioni** ed accentuare specialmente la frase principale

la quale porta sempre l'indicazione di: **marcato**.

b) A indicação da tercina foi assim estabelecida, não tanto para facilitar, mas, para adotar a maneira usada por Bach e de seus contemporâneos, que nunca executavam dois rítmos diferentes simultaneamente. Desde já o aluno não deve ignorar que muitas maneiras de escrever, naquela época, eram puramente convencionais. Assim, num rítmo de tercinas, este

era executado do seguinte modo:

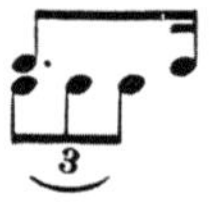

Tocando-se assim:  (+).

No compasso C escreviam 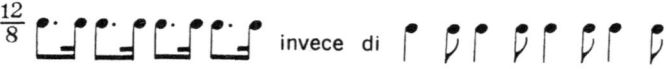 (++)

No compasso 12/8

em vez de

(*) Veja-se a «Courrante» da Suite Francesa em mi bemol e a Fuga em mi menor da 1.ª Parte do «Cravo».

(**) Veja-se a Fuga em ré maior da 1ª Parte do «Cravo», a propósito da qual Czerny, na sua edição, segue a notação de Bach sem fazer notar que era convencional o que ocasionava aos que desconheciam a execução seguinte:

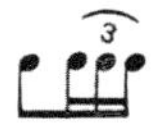

b) L'esecuzione della terzina fu così stabilita non per facilitazione, ma per seguire la maniera usata da Bach e dai contemporanei i quali **non eseguivano mai due ritmi ineguali simultaneamente**.

Bisogna che l'allievo apprenda sin da ora, che molti del modi di scrivere di quell'epoca erano puramente convenzionali. Per esempio, in un ritmo di terzine questo movimento scritto

così: 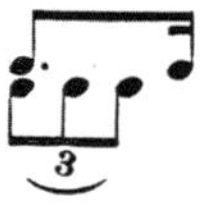 si eseguiva nel seguente modo: 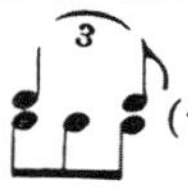 (+).

Nel tempo C scrivevano  per  (++) nel

12/8 invece di

(*) Vedi **Courante** della Suite francese in MI ♭ e Fuga in MI min della 2.ª parte del Clavicembalo.

(**) Vedi **Fuga** in RE magg. della 1.ª parte del Clavicembalo, a proposito della quale è notevole come Czerny, nella sua edizione segua la notazione di Bach senza avvertire ch'essa è convenzionele, ne veniva di conseguenza che colore i quali ignoravano la cosa eseguivano così

Prelúdio

a) O aluno deverá realçar o motivo principal, que está sempre acompanhado dos dizeres: «bem marcato».

a) L'allievo si studi di far molto sentire il motivo principale il quale è sempre avvertito dall'indicazione: **ben marcato.**

Prelúdio

21.

a) Este trecho, assim como os que se seguem, apresentam as características da «Invenção». Para que o aluno observe bem as diversas repetições e modificações do tema, marquei com iniciais os diversos fragmentos que as contêm: T indica tema; TR tema invertido (da frente para trás); TV tema variado. Realçar mais a mão que apresenta o tema ou uma de suas modificações.

a) Questo pezzo e l'altro che segue, hanno tutti i caratteri dell' **invenzione**. Perchè l'allievo possa ben comprendere le diverse **riprese** e modificazioni del tema, ho marcato con iniziali i diversi brani che lo contengono. T, vorrà dire: tema; TR, tema rovesciato (in moto contrario); TV, tema variato. L'allievo si studierà di marcare maggiormente quella mano che esegue il tema od una delle sue modificazioni.

Fantasia

a) Ou então:
a) Oppure:

Pequena Fuga a) | Fughetta a)

a) Deixamos a cargo dos professores o fazer analisar pelo aluno a forma deste trecho. O tema encontra-se sempre assinalado por um T e os fragmentos por FT.

b) O aluno poderá, se possível, executar assim:

a) Si lascia all'insegnante la cura di fare analizzare la forma di questo pezzo. Il tema è sempre segnato con T. ed i frammenti del tema con un FT.

b) Se l'allievo ci riesce preferisca eseguire così